Jeanette Banane

Transsexualität. Gefangen im falschen Körper

GRIN Verlag

Bibliografische Information der Deutschen Nationalbibliothek:

Die Deutsche Bibliothek verzeichnet diese Publikation in der Deutschen Nationalbibliografie; detaillierte bibliografische Daten sind im Internet über http://dnb.d-nb.de/ abrufbar.

Impressum:

Druck und Bindung: Books on Demand GmbH, Norderstedt Germany
ISBN: 978-3-656-59642-4

Dieses Buch bei GRIN:

http://www.grin.com/de/e-book/268622/transsexualitaet-gefangen-im-falschen-koerper

Transsexualität –

Gefangen im falschen Körper

Abschlussarbeit im Rahmen der Sonderpädagogischen Zusatzausbildung 2013/2014

Vorgelegt bei: Bildungswerk ver.di, Hannover

Erstellt von: Jeanette Banane

Abbildungsverzeichnis

1 Einleitung

Vor meiner Arbeit mit Jugendlichen in einer überbetrieblichen Ausbildung kannte ich Transsexuelle nur aus dem Fernsehen. Ich habe mir wenig Gedanken darüber gemacht. Ob transsexuell, intersexuell oder Travestie, für mich gab es keinen Unterschied.

Dann kam es zu meiner ersten persönlichen Begegnung. Ein junger Mann war angekündigt, doch erschienen ist eine junge Frau. Geschminkt, in Frauenkleidung mit hohen Schuhen und langen Haaren. Im ersten Moment war ich etwas verunsichert. Der junge Mann stellte sich mit einem Frauennamen vor und teilte gleich im nächsten Satz mit, dass er transsexuell ist.

Mir wurde bewusst, dass es, so wie bei mir, auch bei den Auszubildenden zu verwunderten Momenten kommen wird. Um besser damit umgehen und es verstehen zu können, begann ich mich mit dem Thema zu beschäftigen.

Bereits in den ersten Tagen stellten die anderen Auszubildenden immer wieder Fragen zu dem Thema, die wir dann versuchten zu beantworten.

Doch neben den vielen Fragen der Anderen kam ich auch mit den Problemen der Transfrau selbst in Berührung. Es bestehen viele Unsicherheiten bezüglich Alltagsfragen, medizinischem Vorgehen oder rechtlichen Möglichkeiten, weshalb ich diese Arbeit nutzen möchte, um mir und anderen das Thema näher zu bringen.

Da ich mich bei meiner Arbeit besonders auf die Wandlung Mann zu Frau konzentriert habe, habe ich mich bei der „Wegbeschreibung“ für die Bezeichnung Transfrau und die weibliche Anrede entschieden, auch wenn die Personenstandsänderung zu dem Zeitpunkt noch nicht stattgefunden hat.

2 Transsexualität – Was ist das?

Was Transsexualität bedeutet, versuchen verschiedene Medien immer wieder zu definieren:

„Transsexuelle haben das sichere Gefühl, im falschen Körper gefangen zu sein. Sie sehnen sich nach einem Leben im anderen Geschlecht und versuchen, sich auch äußerlich diesem so weit wie möglich anzugleichen. Das hat nichts mit der Lust an Verkleidung zu tun.“[1]

„Transsexualismus bezeichnet eine bestimmte Form der Störungen der Geschlechtsidendität. Transsexualität ist primär kein Problem der Sexualität, sondern ein Problem der Geschlechtsidendität („Transidendität“) und der Geschlechtsrolle („Transgender“).“[2]

Es ist schwer, eine eindeutige Definition für Transsexualität zu finden. Die Betroffenen selbst finden immer wieder neue Bezeichnungen oder versehen bestehende Bezeichnungen mit neuen Definitionen.

Der MDS[3] hat eine „Begutachtungsanleitung“ für „Geschlechtsangleichende Maßnahmen bei Transsexualität“ herausgegeben. Darin wird Transsexualität folgendermaßen beschrieben: „Transsexualität ist u.a. gekennzeichnet durch eine dauerhafte Gewissheit, sich dem biologisch anderen Geschlecht zugehörig zu fühlen. Störungen der Geschlechtsidendität sind charakteristisch durch ein anhaltendes und starkes Unbehagen und Leiden am eigenen biologischen Geschlecht. Sie gehen einher mit dem Wunsch und der Beteuerung, dem anderen Geschlecht anzugehören und entsprechend leben zu wollen.“[4]

Grundsätzlich ist Transsexualität eine durch die WHO[5] anerkannte Störung, eine so genannte Störung der Geschlechtsidentität. Es ist jedoch keine anerkannte Krankheit.[6]

---

[1] Stern, http://www.stern.de/gesundheit/transsexuelle-fremd-im-eigenen-koerper-1521741.html, entnommen am 14.10.2013.
[2] Dr. Pichler, http://www.transsexuell.de/med-pichlo.shtml, entnommen am 14.10.2013.
[3] Vgl. Medizinischer Dienst des Spitzenverbandes Bund der Krankenkasse e.V., Stand 19.05.2009 http://www.transmann.de/informationen/transfaq.shtml, entnommen am 15.10.2013.
[4] Vgl. Ebd.
[5] Vgl. Weltgesundheitsorganisation.
[6] Vgl. Wikipedia, http://de.wikipedia.org/wiki/Transsexualit%C3%A4t, entnommen am 24.12.2013.

Fragt man Transsexuelle, so bekommt man sicher oft die einfache, aber treffende Antwort: Ich bin im falschen Körper geboren.

3 Formen der Geschlechtsidenditätsstörung

Die Diagnose Geschlechtsidenditätsstörung hat viele Facetten. Es gibt verschiedene Formen und Bezeichnungen:

3.1 Transsexualität[7,8]

Diese Form ist die bekannteste Störung des Geschlechtsidendität. Die Störung hat an sich nichts mit Sexualität zu tun, sondern es ist die dauerhafte Gewissheit, im falschen Körper mit dem falschen Geschlecht geboren zu sein. Oft geht diese mit dem Streben nach einer Geschlechtsangleichung durch chirurgische und hormonelle Eingriffe einher. Unterschieden werden dabei Mann-zu-Frau Transsexuelle (Transfrau) und Frau-zu-Mann Transsexuelle (Transmann).[9]

Transsexualität kann in zwei Stufen auftreten. Der „Primäre" Transsexualismus beginnt bereits im Kindesalter oder in der Jugend. Der „sekundäre" Transsexualismus hingegen beginnt oft erst im Erwachsenenalter. Diese Transsexuellen empfinden zwar auch bereits sehr oft in der Kindheit ein Unbehagen, können sich doch damit arrangieren. Der Wunsch, als das andere Geschlecht leben zu wollen tritt später ein.[10]

3.2 Transgender[11]

Im Gegensatz zum Transsexuellen sind Transgender Menschen, die nicht mit den Geschlechtsmerkmalen, sondern häufig mit der Geschlechterrolle ein Problem haben. Es ist jedoch möglich, dass auch ein Transsexueller als ein Transgender bezeichnet wird, da in diesem Begriff das oft falsch verstandene sexuelle keine Rolle spielt. Des Weiteren wird dieser Begriff oft als ein Oberbegriff für eine Störung der Geschlechtsidendität gewählt.[12]

---

[7] Trans = (lat.) in einen anderen Bereich übergehend, umformen, verwandeln
[8] Sex = (lat. Sexus) das biologische Geschlecht
[9] Vgl. Airin, *http://www.transsexuell.de/wegweiser-begriffe.shtml*, entnommen am 14.12.2013.
[10] Vgl. Transmann.de, *http://www.transmann.de/informationen/transfaq.shtml*, entnommen am 15.10.2013.
[11] Vgl. Gender = (lat. Genus) psychosoziales Geschlecht, muss nicht mit dem biolog. Geschlecht übereinstimmen.
[12] Vgl. Airin, *http://www.transsexuell.de/wegweiser-begriffe.shtml*, entnommen am 14.12.2013.

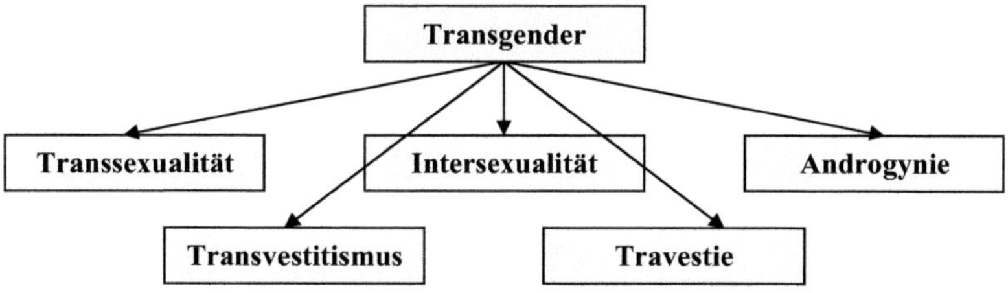

Abb. 1 Formen der Geschlechtsidenditätsstörung
Quelle: Eigene Darstellung

3.3 Transvestitismus

Transvestiten finden es sehr lustvoll und sexuell erregend die Kleidung des anderen Geschlechtes zu tragen, sich zu schminken und schön zu machen. Dies ist nicht mit dem Wunsch des eigenen Geschlechtswechsels verbunden. Teilweise passen sie auch den Körper dem anderen Geschlecht an.[13] Der größte Teil sind dabei Männer und diese sind welche meist heterosexuell sind.'[14]

3.4 Intersexualität

Ca. eins von 2000 Kindern das auf die Welt kommt ist körperlich nicht genau einem Geschlecht zuzuordnen. Die Gründe dafür liegen in chromosomalen oder hormonellen Veränderungen. Umgangssprachlich werden diese Menschen oft als Zwitter bezeichnet. Die Gesellschaft und oft auch die Mediziner zwingen die Eltern sich festzulegen, zu welchem Geschlecht das Kind gehören soll und beeinflussen die Identität durch operative Eingriffe und Erziehung.[15] So musste z.B. innerhalb einer Woche in der Geburtsurkunde das Geschlecht festgelegt werden und auch der Name muss eindeutig dem Geschlecht entsprechen. Dies wurde zum 01. November 2013 geändert und die Eltern dürfen das Kreuz bei der Angabe des Geschlechts für das Personenstandsregister weglassen.[16]

3.5 Travestie

Auch wenn oft mit Transvestitismus verwechselt, hat Travestie im eigentlichen Sinne nichts mit einer Idenditätsstörung zu tun. Vielmehr handelt es sich hierbei nur um das Verkleiden als das andere Geschlecht um dies für Shows als Satire oder lustige Aufführung zu nutzen.[17]

3.6 Androgynie

Androgyne (aus dem griechischen Andro = Mann, Gyn = Frau)[18] sind Männer oder Frauen die äußerlich und auch in ihren Wesenszügen oft dem anderen Geschlecht ähneln. Bei Männern kann dies z.B. eine helle Stimme oder schwacher Bartwuchs

---

[13] Vgl. Airin, *http://www.transsexuell.de/wegweiser-begriffe.shtml*, entnommen am 14.12.2013.
[14] Vgl. Paradisa.de, *http://www.paradisi.de/Health_und_Ernaehrung/Sexualitaet/Transvestitismus/*, entnommen am 14.12.2013.
[15] Vgl. Airin, *http://www.transsexuell.de/wegweiser-begriffe.shtml*, entnommen am 14.12.2013.
[16] Vgl. Zeit Online, *http://www.zeit.de/wissen/2013-10/intersexualitaet-geschlechtsangabe-personenstandsgesetz-aenderung*, entnommen am 16.01.2014.
[17] Vgl. Wikipedia. *http://de.wikipedia.org/wiki/Travestie*, entnommen am 24.12.2013.
[18] Vgl. Wikipedia, *http://de.wikipedia.org/wiki/Androgynie*, entnommen am 24.12.2013.

sein. Bei Frauen spricht man oft von „Mannsweibern". Die Merkmale hier können unter anderem eine tiefe Stimme, Frauenbart oder eine knabenhafte Figur sein.[19]

[19] Vgl. Janine, *http://www.androgyn.org/*, entnommen am 14.12.2013.

4 Gründe für Transsexualität – Vermutungen

„Diese Menschen sind krank“ hört man oft von nicht Betroffenen und unwissenden Menschen. „Die müssen zur Psychotherapie“ ist die Lösung für die meisten Menschen, doch so einfach ist es leider nicht.

Transsexuelle haben es sich nicht einfach ausgesucht so zu sein, wie sie sind. Doch woher kommt diese Störung der Geschlechtsidendität? Dazu gibt es verschiedene Erklärungsversuche.

4.1 Psychosoziale Erklärungsversuche

Auch wenn eigentlich feststeht, dass es nicht an der Erziehung liegt, so halten manche Mediziner doch weiterhin daran fest, dass der Ursprung der Transsexualität in der Fehlprägung im Kindesalter liegt. Wenn Eltern beispielsweise lieber einen Jungen als ein Mädchen gehabt hätten und dieses dann eher wie einen Jungen behandeln und erziehen, so soll das ein Grund für die spätere Idenditätsstörung sein. Unerklärlich ist dabei jedoch, warum auch Kinder, bei denen diese Erziehungsauffälligkeit nicht nachzuweisen war, sich ebenfalls im falschen Körper geboren fühlen.[20]

4.2 Biologische Erklärungsversuche

4.2.1 Polyzystisches Ovarialsyndrom bei Frau-zu-Mann Transsexuellen

Forscher haben herausgefunden, dass bei Frau-zu-Mann Transsexuellen häufig das Polyzystische Ovarialsyndrom auftritt. Dabei sind die Eierstöcke der Frauen von sehr vielen Zysten besetzt. Bei einer Studie wurde dieses Syndrom bei 50% der Frau-zu-Mann Transsexuellen nachgewiesen. Bei diesem Syndrom tritt neben den Zysten ein erhöhter Testosteronspiegel auf.[21]

4.2.2 Hormonelle Einflüsse

Hormonexperten vermuten die Ursache bei einer Gleichgewichtsstörung der Hormone während der vorgeburtlichen Phase. Der Neuroendokrinologe Professor Günter Karl Stalla und sein Team haben bei über hundert Transsexuellen das Verhältnis von Zeige- und Ringfinger untersucht. Der Ringfinger ist bei Männern meist etwas länger ist

---

[20] Vgl. Stern.de, *http://www.stern.de/gesundheit/2-transsexuelle-fremd-im-eigenen-koerper-1521741.html*, entnommen am 14.12.2013.

[21] Vgl. Rothenbächer, Nikita Noemi, Stand 2012, *http://trans-weib.blogspot.de/2012/09/neu-auflage-wie-entsteht-transsexualitat.html,* entnommen am 14.12.2013.

als bei Frauen, was auf den Testosteronspiegel des Mannes zurückgeführt wurde. Bei der Untersuchung wurde festgestellt, dass auch bei den Frau-zu-Mann Transsexuellen der Ringfinger häufig länger und bei Mann-zu-Frau Transsexuellen das Verhältnis der Finger etwas gleich ist. Nachfolgende Studien konnten dies allerdings nicht belegen, zumal das Knochenwachstum auch von anderen Faktoren als den Hormonen abhängig ist.[22]

4.2.3 Gen für Transsexualität

Australische Forscher sind der Meinung ein Gen entdeckt zu haben welches für die Transsexualität verantwortlich sein könnte. Sie fanden bei einigen Mann-zu-Frau Transsexuellen ein überlanges Gen welches für die Testosteronentwicklung zuständig ist. Dieses könnte die Testosteronproduktion verringern und damit eine Transsexuelle Neigung begünstigt. Gegen diese Theorie spricht jedoch die Tatsache, dass es nicht bei allen Transsexuellen aufgetreten ist.[23]

4.2.4 Besonderheiten im Hypothalamus

Der Hypothalamus ist ein Nervenkern welchem nachgesagt wird, dass dieser für die Geschlechts- und Sexualentwicklung verantwortlich sein soll. Bei Frauen ist dieser kleiner als bei Männern. Louis Gooren[24] untersuchte sechs Gehirne von verstorbenen Mann-zu-Frau Transsexuellen und fand heraus, dass bei diesen der Hypothalamus ein gleiches Volumen wie der bei Frauen aufwies. Auch hier gibt es jedoch zahlreiche Kritiker, zumal es bisher nur sechs Untersuchungen gab und damit nur wenig aussagekräftig sei. [25]

4.2.5 Klinefelder Syndrom

Eine weitere Vermutung wie Transsexualität entstehen könnte ist das Klinefelder Syndrom.[26] Diese numerische Chromosomenaberration[27] tritt bei Jungen bzw. Männern in den Geschlechtschromosomen auf. Normalerweise haben Männer 46 XY-Chromosomen, bei diesem Syndrom tritt jedoch mindestens ein zusätzliches X-Chromosom, 47 XXY, auf.

---

[22] Vgl. Stern.de, *http://www.stern.de/gesundheit/3-transsexuelle-fremd-im-eigenen-koerper-1521741.html*, entnommen am 14.12.2013.
[23] Vgl. Ebd.
[24] Vgl. Inhaber des ersten Lehrstuhls für Transsexologie an der freien Universität Amsterdam.
[25] Vgl. Claudia Eberhard-Metzger, Bild der Wissenschaft, Heft 02/1997 S. 69.
[26] Vgl. Meyer, Karl C., Facharzt für Neurologie, Psychiatrie und Facharzt für Psychotherapeutische Medizin, Psychoanalyse, *http://www.neuro24.de/show_glossar.php?id=1710,* entnommen am 15.10.2013.
[27] Veränderung der Zahl der Chromosomen.

Symptome können u.a. sein: ein kleiner Hoden, Zeugungsunfähigkeit, Kontaktarmut und Brustwuchs. Jeder 500. Mann ist in etwa davon betroffen.[28] Ob Transsexualität dadurch entsteht, ist jedoch nur eine Vermutung, da sehr viele Männer mit diesem Syndrom keine Geschlechtsidenditätsstörung besitzen.[29]

Fest steht also, es steht nichts fest. Keiner kann genau sagen woher diese Störung kommt. Niemand sucht es sich bewusst aus, Transsexuell zu sein, und die Betroffenen wären lieber gern „normal“ und müssten sich nicht mit den Problemen und Anfeindungen Anderer beschäftigen.

---

[28] Vgl. Deutsche Klinefelter-Syndrom Vereinigung e.V., *http://www.klinefelter.de/cms/index.php/klinefelter-syndrom,* entnommen am 14.12.2013.

[29] Vgl. Meyer, Karl C., Facharzt für Neurologie, Psychiatrie und Facharzt für Psychotherapeutische Medizin, Psychoanalyse, *http://www.neuro24.de/show_glossar.php?id=1710,* entnommen am 15.10.2013.

5 Der innere Weg zum neuen Ich

5.1 Die Erkenntnis

Noch lange bevor die Transfrau einen Spezialisten aufsucht, steht die Selbsterkenntnis. Es beginnt mit dem Gefühl irgendwie anders zu sein, den eigenen Körper nicht als den Richtigen anzusehen, den Drang dem anderen Geschlecht anzugehören. Wann dieser Wunsch bzw. das Gefühl das erste Mal auftritt ist sehr unterschiedlich. Manche spüren bereits im Kleinkindalter, das mit ihnen etwas anders ist, andere merken es erst in der Pubertät oder gestehen es sich später im Erwachsenen Alter ein.[30] Nicht selten hört man, dass ein verheirateter Mann mit Kindern sich im fortgeschrittenen Alter zu seinem „Anderssein" bekennt. Heimlich tragen sie Frauenkleider, stets in der Angst entdeckt zu werden. Gerade bei Männern die bereits eine Familie gegründet haben entsteht ein hohes Maß an Schuldgefühlen und doch können sie dem inneren Drang nicht immer widerstehen.

5.2 Der Weg zum Arzt

„Ich bin Transsexuell." Sich selbst einzugestehen, dass man transsexuell ist, ist nur der erste Schritt. Der Nächste ist meist das Aufsuchen eines Arztes. Dort werden Fragen geklärt wie: „Bin ich wirklich transsexuell?", „Warum gerade ich?", „Was kann man dagegen tun?" Wichtig ist dabei, dass sie ein hohes Maß an Vertrauen zum Arzt hat. Dieser wird dann einige Untersuchungen durchführen um festzustellen, ob hormonelle Störungen oder körperliche Besonderheiten vorliegen. Dieser Schritt erfolgt teilweise noch vor dem Einweihen eines Freundes oder der Familie, da sie sich zu diesem Zeitpunkt oft selbst noch unsicher ist.[31]

5.3 Gleichgesinnte finden

Die Erkenntnis „Ich bin nicht allein" hilft vielen mit sich selbst und dem „neuen" Leben klarzukommen. Der Schritt nach außen, sich anderen mitteilen und als das andere Geschlecht bewusst nach außen aufzutreten, erfordern viel Mut und Kraft. Es erfolgt oft eine Ablehnung durch die Gesellschaft und genauso oft durch das eigene soziale Umfeld. Eltern wenden sich ab, Freunde lachen die Betroffene aus. In Selbsthilfegruppen sind sie nicht anders, sondern eine von ihnen mit den gleichen Problemen und Ängs-

---

[30] Vgl. Stern.de, *http://www.stern.de/gesundheit/transsexuelle-fremd-im-eigenen-koerper-1521741.html*, entnommen am 14.12.2013.
[31] Vgl. Deutsche Gesellschaft für Transidendität und Intersexualität e.V., *http://www.dgti.org/index.php?option=com_content&view=article&id=227*, entnommen am 10.01.2014.

ten. Dort finden sie Unterstützung in Alltagsfragen, aber auch Hilfe auf dem Weg zum anderen Geschlecht.[32]

5.4 Entschluss gefasst – Ja zum neuen Leben

Nachdem endgültig der Entschluss gefasst wurde sich nicht mehr verstecken zu wollen und offiziell als Frau leben zu wollen, folgt eine Reihe von Behörden- und Arztgängen, um dem gewünschten Geschlecht Stück für Stück näher zu kommen. Unzählige Therapiegespräche, Gutachten, Namensänderung, Hormontherapie sowie die Geschlechtsangleichende OP erfordern viel Kraft, Zeit und Geduld.[33]

---

[32] Vgl. Airin, *http://www.transsexuell.de/wegweiser-uebersicht.shtml*, entnommen am 14.12.2013.
[33] Vgl. Airin, *http://www.transsexuell.de/wegweiser-uebersicht.shtml*, entnommen am 14.12.2013.

6 Der medizinische/ juristische Weg – am Beispiel von Mann zu Frau

6.1 Die Diagnose

Wie bei jeder anderen Störung, so die offizielle Einstufung der WHO, muss zunächst auch diese sicher diagnostiziert werden. In erster Linie erfolgt das natürlich durch die Betroffene selbst, aber auch ein Arzt muss dies Bestätigen. Dafür müssen folgende Kriterien erfüllt sein:[34]

- der Wunsch dem anderen Geschlecht anzugehören, so zu leben und auch als dieses erkannt zu werden,
- sich nicht dem eigenen biologischen Geschlecht zugehörig zu fühlen,
- dem Wunsch sich hormonell und chirurgisch Behandeln lassen zu wollen um dem gewünschten Geschlecht so weit wie möglich angeglichen zu werden,
- einen „klinisch relevanten Leidensdruck“ oder sozialer, beruflicher oder anderer Beeinträchtigung.

Um diese Kriterien festzustellen, sind verschiedene Maßnahmen und Untersuchungen erforderlich:[35]

- biographische Anamnese mit Feststellung der Geschlechtsidenditäts- und psychosexuellen Entwicklung sowie der aktuellen Lebenssituation,
- körperliche Untersuchungen mit Erhebung eines andrologischen, urologischen sowie endokrinologischen Befundes,
- klinisch psychiatrische-psychologische Diagnostik.

Besonders wichtig ist eine eindeutige Diagnose für die Beantragung der Kostenübernahme bei der Krankenkasse für die folgenden Schritte. [36]

6.2 Psychotherapie

Das Gesetz verlangt, dass ein Transsexueller eine Psychotherapie absolvieren und auch nachweisen muss. Der Fokus der Therapie wird dabei allerdings nicht auf die Transsexualität an sich gesetzt. Es geht nicht darum die Betroffene zu heilen oder ihr

---

[34] Vgl. Dr. Pichler, *http://www.transsexuell.de/med-pichlo.shtml*, entnommen am 14.10.2013.
[35] Vgl. Ebd.
[36] Vgl. Ebd.

ihre Transsexualität „auszureden". Vielmehr soll es eine unterstützende Therapie für die Alltagsbewältigung mit dem neuen Geschlecht sein. Es geht darum zu stärken und ihr zu helfen das neue gewünschte Geschlecht auch zu leben. Des Weiteren sollen dabei auch bestehende psychische Probleme behandelt werden, z.B. Depressionen, da diese nur zusätzlich das Leben erschweren. [37]

6.3 Die Alltagserprobung

Wie der Name bereits verrät, soll die Transsexuelle in dieser Zeit den Alltag mit dem neuen Geschlecht erproben. Es geht hierbei nicht darum, dass diese vollständig als Frau gekleidet und geschminkt und mit hohen Schuhen den Alltag bewältigen muss. Die Transsexuelle wächst dabei oft langsam in das soziale Leben. Passt sein Aussehen dem gewünschten Geschlecht nach und nach an und tritt im Alltag als Frau auf. In welchem Ausmaß und wie schnell liegt im Ermessen der Betroffenen selbst. Hierbei ist die Unterstützung durch den Psychologen zwingend angeraten, da mit diesem die Probleme des Alltags besprochen werden können. Die öffentlichen Dokumente beinhalten zu diesem Zeitpunkt noch immer den männlichen Vornamen sowie das Foto als Mann, was z.B. am Flughafen zu Problemen führen kann. Es besteht daher die Möglichkeit einen Ergänzungsausweis zu beantragen. In diesem wird bescheinigt, dass sie sich in der Alltagserprobung befindet, es ist der neue weibliche Name angegeben und auch ein aktuelles Passbild als Frau ist enthalten. Dieser Ausweis bezieht sich durch Angabe der Personalausweisnummer auf den offiziellen Personalausweis. Die Alltagserprobung sollte mind. 3-6 Monate dauern bevor der nächste Schritt, die Hormonbehandlung, erfolgen kann. Die Dauer wird dabei vom Psychologen festgelegt und muss von diesem genau dokumentiert werden. [38]

6.4 Die Hormonbehandlung

Bevor mit einer Hormonbehandlung begonnen werden kann, müssen folgende Kriterien erfüllt sein:[39]

- die Diagnose muss durch ausreichend lange psychiatrisch-psychotherapeutischer Verlaufsbeobachtung gesichert sein,

---

[37] Vgl. Pichlo, Dr. MDK Nordrhein unter Mitwirkung von Dr. Behrends, Düsseldorf, Helma Katrin Alter, dgti und Alexander Regh, TransMann e.V. verfasst *http://www.dgti.org/index.php?option=com_content&view=article&id=141&Itemid=20#7* entnommen am 14.12.2013.
[38] Vgl. Ebd.
[39] Vgl. Dr. Pichler, *http://www.transsexuell.de/med-pichlo.shtml*, entnommen am 14.10.2013.

- die Betroffene muss ausreichend lange in psychiatrisch-psychotherapeutische Behandlung gewesen sein, um Begleiterkrankungen zu behandeln,
- sie muss davon überzeugt sein so leben zu wollen, in allen Lebenssituationen,
- es muss eine ausführliche Aufklärung über Risiken, Chancen und Grenzen der Hormonbehandlung stattgefunden haben, welche durch die Transfrau auch eingeschätzt werden können,
- Alltagserprobung von ca. 3-6 Monaten,
- psychiatrisch-psychotherapeutische Begleitung von ca. 6–12 Monaten.

Indikationen die diese Behandlung ausschließen oder verzögern können, sind z.B.[40]

- HIV Positiv
- Schizophrenie
- Alkohol- oder Drogenabhängigkeit
- Manische Depression und/oder Suizidales Verhalten
- jünger als 18 Jahre
- älter als 60 Jahre[41]

Nach Feststellung der Voraussetzungen kann mit der gegengeschlechtliche Hormongabe begonnen werden. Die Indikation erfolgt durch einen erfahrenen Endokrinologen. Dieser legt die Dosis sowie die Zusammensetzung der Hormone fest und kontrolliert diese regelmäßig. Bei Mann-zu-Frau Transsexuellen spielen dabei vor allem Östrogene, Gestagene und Antiandrogene eine Rolle. Östrogene und Gestagene sind für verschiedene weibliche „Vorgänge" und Veränderungen zuständig, Antiandrogene dagegen unterdrücken die männlichen Sexualhormone.[42]

In der folgenden Tabelle sind die Veränderungen durch die Gabe der Hormone, sowie die Zeit, bis diese einsetzten dargestellt. Die maximale Wirkung zeigt an, wie lange diese Hormone Einwirkungen auf den Körper besitzen. Nach Ablauf dieser Dauer treten kaum noch Veränderungen auf, jedoch müssen die Hormone teilweise, auch nach einer geschlechtsangleichenden Operation, ein Leben lang dem Körper zugeführt werden.[43]

---

[40] Vgl. Pichlo, Dr. MDK Nordrhein unter Mitwirkung von Dr. Behrends, Düsseldorf, Helma Katrin Alter, dgti und Alexander Regh, TransMann e.V. verfasst *http://www.dgti.org/index.php?option=com_content&view=article&id=141&Itemid=20#7* entnommen am 14.12.2013

[41] Vgl. Ebd.

[42] Vgl. Ebd.

[43] Vgl. TransX.at, *http://www.transx.at/Pub/Hormone.php*, entnommen am 11.01.2014.

Wirkung	Einsetzen	Maximale Wirkung
Körperfettverteilung	3-6 Monate	2-5 Jahre
Sinkende Muskelmasse und Kraft	3-6 Monate	1-2 Jahre dosierungsabhängig
Weichere Haut, weniger Hautfett	3-6 Monate	unbekannt
Abnahme der Libido	1-3 Monate	1-2 Jahre
Ausbleiben spontaner Erektionen	1-3 Monate	3-6 Monate
Impotenz	unterschiedlich	unterschiedlich
Brustwachstum	3-6 Monate	2-3 Jahre
Brustwachstum	3-6 Monate	2-3 Jahre
Hodenschrumpfung	3-6 Monate	2-3 Jahre
Rückgängige Spermienproduktion	unterschiedlich	unterschiedlich
Verdünnung und langsameres Wachstum von Gesichts- und Körperbehaarung	3-12 Monate	> 3 Jahre Hormone gewähren kein Ausbleiben des Haarwuchses
Männliche Glatzenbildung	kein Nachwachsen Haarverlust stoppt nach 1-3 Monaten	1-2 Jahre

Quelle: WPATH, Standards of Care, Version 7, 2011

Abb. 2 Effekte und Verlauf verweiblichender Hormonbehandlung
Quelle: TransX.at, http://www.transx.at/Pub/Hormone.php, entnommen am 11.01.2014

6.5 Die Namensänderung – „kleine Lösung“

Sind alle Bedingungen entsprechende dem Transsexuellengesetz (TSG) erfüllt, so muss ein formloser schriftlicher Antrag beim Amtsgericht eingereicht werden.

Im TSG heißt es in §1 Abschn. 1 Nr. 1 und 2

„Die Vornamen einer Person sind auf ihren Antrag vom Gericht zu ändern, wenn

1. sie sich aufgrund ihrer transsexuellen Prägung nicht mehr dem in ihrem Geburtseintrag angegebenen Geschlecht, sondern dem anderen Geschlecht als zugehörig empfindet und seit mindestens drei Jahren unter dem Zwang steht, ihren Vorstellungen entsprechend zu leben,
2. mit hoher Wahrscheinlichkeit anzunehmen ist, dass sich ihr Zugehörigkeitsempfinden zum anderen Geschlecht nicht mehr ändern wird“[44]

Des Weiteren verlangen die meisten Gerichte, dass mind. 12 Monate Alltagserprobung stattgefunden haben muss.
Nach Eingang des Antrages ergeht ein Kostenbescheid, welcher durch die Antragstellerin zu begleichen ist. Ist das Geld eingegangen, findet eine Anhörung statt. Ist der zuständige Richter von der Ernsthaftigkeit überzeugt, wird dieser die Antragstellerin an zwei unabhängige Gutachter, meist Psychologen, verweisen, welche die Ernsthaftigkeit feststellen sollen. Dazu werden die Unterlagen der bisherigen Behandlungen und Therapien beim behandelnden Arzt angefordert.[45] Beide Gutachter legen ihr Gutachten dem Amtsgericht vor. Ist aus diesen erkennbar, dass der unwiderrufliche Wunsch nach einer anderen Geschlechtszugehörigkeit besteht wird durch ein Urteil der Namensänderung zugestimmt. Nach einer 4-wöchigen Einspruchsfrist ist das Urteil rechtskräftig.[46]
Mit diesem Urteil bestehen folgende Möglichkeiten:[47]

- ⚥ Änderung des Personalausweises und Führerscheins,

---

[44] Vgl. Bundesministerium der Justiz, *http://www.gesetze-im-internet.de/tsg/*, entnommen am 11.12.13.
[45] Vgl. Neumeyer, Ingo Stand 12.07.2013, *www.planet-wissen.de/alltag_gesundheit/sexualitaet/transsexualitaet/transsexualitaet_rechtliches.jsp* entnommen am 12.01.2014.
[46] Vgl. Henn, Conny, Stand 11. März 2011, http://www.trans-welt.de/index.php/component/content/article/51-namensaenderung/107-ablauf-namensaenderung, Entnommen am 05.01.2014.
[47] Vgl. Augstein, Maria Sabine, Rechtsanwältin, Stand 1995, *http://www.main-ts.de/downloads/Neues_zur_Rechtslage_von_Transsexuellen.pdf*, entnommen am 05.01.2014.

- Ausstellen eines vorläufigen Reisepasses, dieser beinhaltet im Gegensatz zum normalen Reisepass keine Geschlechtsbezeichnung, die Gültigkeit ist für Transsexuelle von einem auf fünf Jahre erhöht,
- Beantragung einer neuen Sozialversicherungsnummer. Diese beinhaltet nach dem Anfangsbuchstaben des Familiennamens eine dreistellige Zahl, deren erste Ziffer das Geschlecht angibt (5 = weiblich, 0 = männlich),
- Ausstellung neuer Zeugnisse durch Schulen und Arbeitgeber.

Die Namensänderung ist jedoch nur ein kleiner Schritt, oft auch „kleine Lösung" genannt, und bietet daher Grenzen:[48]

- da es sich nur um eine Änderung des Namens handelt, dürfen keine gleichgeschlechtlichen Ehen eingegangen werden, Bsp.: ein Mann-zu-Frau Transsexueller ist rechtlich noch ein Mann und kann daher keinen anderen Mann heiraten, da gleichgeschlechtliche Ehen in Deutschland nicht erlaubt sind,

- gibt es in Institutionen und Einrichtungen getrennte Abteilungen für Männer und Frauen, z.B. in Krankenhäuser, Strafanstalten und Badeanstalten, so entsteht allein durch die Namensänderungen nicht das Recht der Unterbringung entsprechend dem gewünschten Geschlecht.

Unwirksam wird die Namensänderung, wenn nach Ablauf von 300 Tagen nach Rechtswirksamkeit des Urteils ein Kind des Antragstellers geboren wird.[49]

6.6 Die Operation – endlich eine Frau

Für viele ist dies der wichtigste Schritt um sich endlich dem gelebten Geschlecht zugehörig zu fühlen. Gleichzeitig ist dies auch der Schwerwiegendste und sollte daher nur mit absoluter Entschlossenheit durchgeführt werden. Folgende Voraussetzungen müssen dafür erfüllt sein:

- Alltagserprobung von mind. 12-18 Monaten,
- psychiatrisch-psychotherapeutische Behandlung von mind. 18–24 Monaten,
- Hormontherapie seit mind. 6–12 Monaten.[50]

---

[48] Vgl. Augstein, Maria Sabine, Rechtsanwältin, Stand 1995, *http://www.main-ts.de/downloads/Neues_zur_Rechtslage_von_Transsexuellen.pdf*, entnommen am 05.01.2014.
[49] Vgl. Neumeyer, Ingo Stand 12.07.2013, *www.planet-wissen.de/alltag_gesundheit/sexualitaet/transsexualitaet/transsexualitaet_rechtliches.jsp* entnommen am 12.01.2014.

Die OP erfolgt in mehreren Schritten, welche auf meist zwei OPs verteilt werden. Es finden dabei folgende Maßnahmen statt:[51]

- Entfernung der Hoden,
- Plastische Konstruktion einer Neovagina,
- Plastische Konstruktion einer Neoklitoris,
- Formen von Schamlippen aus dem Hodensack,
- Verkürzung der Harnröhre,
- Entfernung des Schwellkörpers,
- Konstruktion eines Schamhügels,
- Brustaufbau.

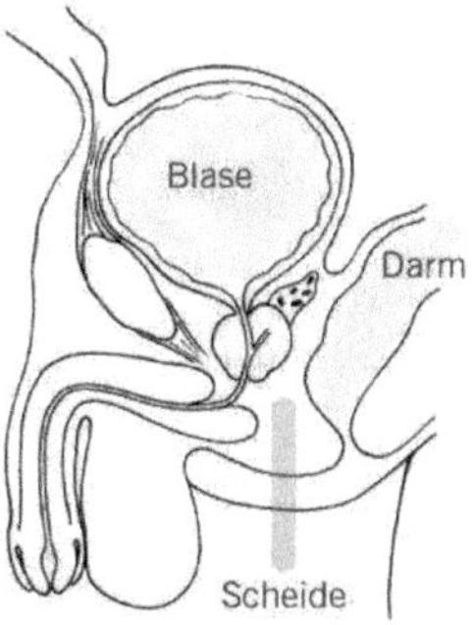

In der ersten OP wird der Hoden entfernt und der Penis aus der Schafthaut geschält. Als Nächstes wird die Eichel vom Schwellkörper getrennt. Hier ist immer sehr große Vorsicht geboten, da aus der Eichel eine empfindsame Klitoris gebildet werden soll. Als Nächstes werden die Schwellkörper von der Harnröhre getrennt und nahe am Knochen wieder angebracht. Dann wird durch einen Schnitt zwischen Blase und Darm ein Raum für die neue Scheide gebildet.[52]

Abb. 3 Querschnitt Mann
Quelle: http://www.transsexuell.de/med-opkrege.shtml

Ist der Raum entstanden, wird die Schafthaut nach innen verlegt, um daraus den Scheiden-eingang zu formen. Sollte diese nicht ausreichend sein, wird aus einem Teil des Hodensackes eine Verlängerung gebildet.[53]

Im nächsten Schritt wird aus der Eichel die Klitoris geformt sowie aus dem Hodensack die Schamlippen, die Harnröhre wird gekürzt und neu angebracht. Im Anschluss wird ein Platzhalter in den neuen Scheideneingang eingeführt. Dieser muss in den Wochen

[50] Vgl. Dr. Pichler, *http://www.transsexuell.de/med-pichlo.shtml*, entnommen am 14.10.2013.
[51] Vgl. Klinik Sanssouci, *http://www.kliniksanssouci.de/de/transsexuelle-chirurgie/mann-zur-frau/chirurgische-technik-mf.ph*, entnommen am 14.01.2014.
[52] Vgl. Krege, Prof. Dr. Chefärztin der Klinik für Urologie und Kinderurologie Alexianer-Krankenhaus Maria Hilf GmbH, Krefeld, *http://www.transsexuell.de/med-opkrege.shtml*, entnommen am 14.01.2014.
[53] Vgl. Ebd.

danach weiter angewendet werden, vor allem nachts. Er dient dazu den Eingang zu weiten. Ist dieser genug gedehnt, wird nach ca. 10-14 Tagen ein Dildo dazu verwendet, die Weitung fortzusetzen. Nach etwa 6 Wochen kann, je nach Heilungsprozess und persönlichem Empfinden, vorsichtiger Sexualverkehr stattfinden. [54]

In einer weiteren OP, welche meist erst nach 3–6 Monaten stattfindet, werden meist ästhetische, Korrekturen vorgenommen sowie oft gleichzeitig der Brustaufbau durchgeführt. In wenigen Fällen ist noch eine dritte Operation bei Auftreten von Beschwerden notwendig.[55]

6.7 Die Haarentfernung

Für Transfrauen besteht die Möglichkeit sich die Barthaare durch Nadelelektronen-Epilation dauerhaft entfernen zu lassen. Von einigen Krankenkassen wird dies zu den geschlechtsangleichenden Maßnahmen gezählt und daher übernommen.[56]

6.8 Die Personenstandsänderung – „große Lösung“

Möchte sie nun auch die Änderung des Geschlechts in seiner Geburtsurkunde anpassen lassen, so muss dies ebenso beim Amtsgericht beantragt werden. Die Bedingungen hierfür sind:[57]

- ⚧ Erfüllung der Voraussetzungen zur Namensänderung,
- ⚧ Nicht verheiratet sein,
- ⚧ Dauernd fortpflanzungsunfähig sein,
- ⚧ Es muss eine geschlechtsangleichende OP stattgefunden haben.

Es gibt inzwischen einige Gerichtsurteile in denen die Tatsache, dass eine geschlechtsangleichende OP stattfinden muss, widerlegt wurde. Es muss jedoch weiterhin die dauernde Fortpflanzungsunfähigkeit bestehen.[58] Kritisch wurde in der Vergangenheit ebenfalls die Zwangsscheidung gesehen, da auch nach einer geschlechtsangleichenden OP einige Ehen noch Bestand haben könnten, dies aber nach deutschem

---

[54] Vgl. Krege, Prof., *http://www.transsexuell.de/med-opkrege.shtml*, entnommen am 14.01.2014.
[55] Vgl. Chirurgische Klinik München-Bogenhausen, *http://www.chkmb.de/urologie/geschlechtsangleichende-operationen/mann-zu-frau-geschlechtsangleichende-op/haeufige-fragen.html*, entnommen am 05.01.2014.
[56] Vgl. Airin, *http://www.transsexuell.de/med-epilation.shtml*, entnommen am 17.01.2014.
[57] Vgl. Transmann.de, *http://www.transmann.de/informationen/transfaq.shtml*, entnommen am 15.10.2013.
[58] Vgl. Wikipedia, *http://de.wikipedia.org/wiki/Transsexualit%C3%A4t*, entnommen am 24.12.2013.

Recht jedoch nicht zulässig ist. [59] Das Verfahren ist ansonsten ebenso wie bei der Namensänderung. Es erfolgt ein Antrag beim Gericht, welches das Urteil fällt und nach vier Wochen tritt die Rechtskraft ein.

Danach kann der Personenstand, die Geburtsurkunde und damit auch alle anderen Unterlagen wie zum Beispiel der Personalausweis geändert werden. In Behördlichen Briefen muss nun die dem gewünschten bzw. neuen Geschlecht angepasste Anrede gewählt werden und es erfolgt auch keine Unterbringung mehr auf Männerstationen.

6.9 Endlich eine richtige Frau!?

Ein schöner Satz, doch wohl leider nicht ganz wahr. Auch wenn alle Operationen abgeschlossen, Hormone genommen, Papiere geändert sind, so sind diese Menschen doch immer etwas Besonderes. Und das ist keinesfalls negativ zu sehen. Nur wenige fühlen sich hinterher als vollständige und gleichwertige Frau. Aber was heißt das auch „Eine richtige Frau sein.“? Eine Frage ohne wirkliche Antwort.

Der Medizin sind ebenfalls Grenzen gesetzt, und selbst wenn alle Schönheitschirurgischen Maßnahmen genutzt werden, so beginnt das vollständige Frausein im eigenen Kopf.

„Es gibt wohl keine grössere Herausforderung als ein Ziel anzustreben, das nie wirklich erreicht werden kann.“[60]

[59] Vgl. Deutsche Gesellschaft für Transidendität und Intersexualität e.V., http://www.dgti.org/index.php?option=com_content&view=article&id=8#gericht , entnommen am 17.12.2013.

[60] Diana, 29. März 2009, http://diana.tgirl.ch/category/zitate, entnommen am 14.01.2014.

7 Die Alltagsprobleme

Bereits von Anfang an haben Transfrauen mit vielen Problemen zu kämpfen. Zunächst sicher erst einmal mit dem Problem sich selbst zu verstehen und zu akzeptieren, was vielen nur sehr schwer oder auch gar nicht gelingt. Besonders nach dem Comming-Out beginnt eine schwere Zeit. Freunde wenden sich ab, Familie zieht sich zurück und die Blicke im Alltag können verletzend sein. Die Entscheidung zum gewünschten Geschlecht zu stehen und dieses auch zu leben ist ein langer und steiniger Weg. Neben den Blicken und verletzenden Worten haben die Betroffenen mit folgenden Problemen am häufigsten zu kämpfen:

DEPRESSIONEN: Viele Betroffene haben mit schweren Depressionen zu kämpfen die teilweise im Suizid enden. Das Gefühl anders zu sein, sich niemandem anvertrauen und die Scheu sich Hilfe zu holen, lässt diese am Leben verzweifeln.[61]

DER NAME: Die Transsexuellen wollen gern bereits vor der offiziellen Namensänderung mit dem neuen Namen angesprochen werden. Natürlich ist das grundsätzlich möglich, aber es ist keiner dazu verpflichtet. Hinzu kommt, dass auch nach der Namensänderung, in vielen Briefen von Behörden weiterhin die Anrede des eigentlichen Geschlechts genutzt wird.[62]

DER RICHTIGE ARZT: Auch wenn das Thema Transsexualität bereits seit vielen Jahren ein Thema ist, so schreiben viele Transsexuelle darüber, das es schwer ist einen guten Arzt, besonders Psychologen/Psychotherapeuten zu finden. Es herrscht oft Unkenntnis bezüglich der richtigen Vorgehensweise bei Transsexuellen oder gar der Unwille den Betroffenen betreuen zu wollen.[63]

DAS GERICHTLICHE VERFAHREN: Hier ist viel Geduld gefragt. Die Zeit, die beispielsweise eine Namensänderung in Anspruch nimmt, liegt teilweise bei einem Jahr oder mehr. In nicht wenigen Fällen werden diese auch abgelehnt, was sowohl rechtlich als auch für die Betroffenen teilweise unverständlich ist. Hinzu kommt, dass das TSG im ständigen Wandel ist und einige Passagen durch das Bundesverfassungsgericht für

---

[61] Vgl. Stern.de, *http://www.stern.de/gesundheit/transsexuelle-fremd-im-eigenen-koerper-1321741.html* entnommen am 14.12.2013.

[62] Vgl. Augstein, Maria Sabine, Rechtsanwältin, Stand 1995, *http://www.main-ts.de/downloads/Neues_zur_Rechtslage_von_Transsexuellen.pdf*, entnommen am 05.01.2014.

[63] Vgl. Deutsche Gesellschaft für Transidendität und Intersexualität e.V., *http://www.dgti.org/index.php?option=com_content&view=article&id=227*, entnommen am 10.01.2014.

nicht anwendbar erklärt wurden, doch trotzdem hält sich nicht jeder Richter daran. Lange und kostenintensive Einspruchsverfahren sind erforderlich.[64]

KOSTEN: Besonders die Namensänderung und die Personenstandsänderung sind mit hohen Kosten verbunden. Die Kosten für die Psychotherapie, Hormonbehandlung und Geschlechtsangleichende OP sind eigentlich durch die Krankenkasse zu tragen, aber diese müssen beantragt werden und dabei kommt es oft zur Ablehnungen und lange Einspruchsverfahren.[65]

GESUNDHEITLICHE PROBLEME: Die Hormone und Operationen sind nicht ohne Risiken. Probleme mit der Narbenheilung, Schmerzen[66], Nebenwirkungen der Hormone, und Thrombosen[67] können auftreten, die die Freude über das neue Geschlecht stark trüben können.

SEXUALITÄT: Einige Transsexuelle haben Probleme mit der Sexualität und können diese nur eingeschränkt oder auch gar nicht leben. Dies liegt sowohl an den Grenzen der Medizin, als auch an der Schwierigkeit einen Partner zu finden.[68]

BERUFLICHE INTEGRATION: Neben der Alltagsintegration spielen die Probleme bei der Berufsfindung eine wesentliche Rolle im Leben der Transsexuellen. Arbeitgeber schrecken davor zurück, einen Transsexuellen einzustellen. Aus Angst? Aus Unwissenheit? Beides? Auch müssen sie oft das Ende ihrer Karriere in Kauf nehmen und damit finanzielle Verluste.[69]

GESCHLECHTERTRENNUNG: In einigen, vor allem öffentlichen Einrichtungen, werden die Geschlechter getrennt. So werden beispielsweise Transfrauen in Männergefängnissen untergebracht, was oft massive Beschimpfungen, Gewalt oder gar Verge-

---

[64] Vgl. Augstein, Maria Sabine, Rechtsanwältin, Stand 1995, *http://www.main-ts.de/downloads/Neues_zur_Rechtslage_von_Transsexuellen.pdf*, entnommen am 05.01.2014.
[65] Vgl. Airin, *http://www.transsexuell.de/wegweiser-uebersicht.shtml*, entnommen am 14.12.2013.
[66] Vgl. Chirurgische Klinik München-Bogenhausen,
http://www.chkmb.de/urologie/geschlechtsangleichende-operationen/mann-zu-frau-geschlechtsangleichende-op/einige-risiken-und-komplikationen.html
entnommen am 19.01.2014.
[67] Vgl. Deutsche Gesellschaft für Transidendität und Intersexualität e.V.,
http://www.dgti.org/index.php?option=com_content&view=article&id=153&Itemid=20, entnommen am 28.12.2013.
[68] Vgl. Fuchs, Wiebke; Ghattas, Dr .Dan Christian; Reinert, Deborah; Widmann, Charlotte
http://www.lsvd.de/fileadmin/pics/Dokumente/TSG/Studie_NRW.pdf,entnommen am 15.01.2014, S. 20.
[69] Vgl. Ebd. S. 13-14.

waltigungen nach sich zieht. Aber auch die Teilnahme an geschlechtergetrennten Sportgruppen kann zum Problem werden. [70]

DER FALSCHE ENTSCHLUSS: Trotz dem langen und schwierigen Weg den viele strebsam verfolgen, finden nicht alle die Erfüllung in ihrem neuen Geschlecht. Der Anteil liegt bei ca. 1 – 2 %.[71] Gründe dafür sind u.a. keine sachgerechte Therapeutische Vor- und Nachsorge, keine zufriedenstellende Partnerschaft, andauernde Arbeitslosigkeit oder körperliche Unzufriedenheit.[72]

Dies ist sicherlich nur ein kleiner Teil der Probleme mit denen sich Transsexuelle jeden Tag und teilweise ein ganzes Leben lang zu kämpfen haben. Jedes einzelne von ihnen stellt sie jedoch immer wieder auf eine Probe und erfordert eine Menge Kraft, Mut und Ausdauer.

---

[70] Vgl. Augstein, Maria Sabine, Rechtsanwältin, Stand 1995, *http://www.main-ts.de/downloads/Neues_zur_Rechtslage_von_Transsexuellen.pdf*, S. 72, entnommen am 05.01.2014.
[71] Vgl. Ottmer, Andrea Friederike; Regh, Alexander; Katrin Helma Alter http://www.dgti.org/images/pdf/dgti_tsg_positionspapier.pdf, Seite 15 entnommen am 15.01.2014.
[72] Vgl. Dr. Pichler, *http://www.transsexuell.de/med-pichlo.shtml*, entnommen am 14.10.2013.

8 Fazit

Hinter den verschiedenen Formen der Transsexualität steht der Mensch. Jeder hat seine eigene Geschichte und seine eigenen Erfahrungen, welche durchaus nicht immer positiv sind. Auf Grund nicht eindeutiger Angaben im Internet habe ich bewusst auf die Nennung von Zahlen verzichtet. Für unsere Arbeit sollte das auch keine Rolle spielen, denn es ist nur der Mensch der gerade vor uns steht der Wichtige.

Die Betroffenen haben mit vielen Vorurteilen und teilweise auch Abweisungen oder gar Beschimpfungen zu kämpfen und wünschen sich eigentlich nichts anderes als einfach nur als Mensch angesehen zu werden. Egal ob mit Rock oder Hose, Penis oder Scheide. Entscheidend ist der Mensch der dahinter steckt.

Der Weg zum gewünschten Geschlecht ist ein langer, steiniger und beinhaltet auch immer wieder Niederlagen. Viele scheitern bereits an den Formalitäten oder haben Angst vor Spott. Auch vorm letzten Schritt, der Geschlechtsangleichenden OP, haben viele Angst, da es doch ein hohes Risiko und eine gewisse Endgültigkeit bedeutet.

Wir als Ausbilder haben nicht nur die Aufgabe die Auszubildenden zu einem Berufsabschluss zu führen, sondern auch ihnen als Mensch beizustehen und auf dem Weg zum erfüllten Leben zu helfen, ein wichtiger Punkt dafür ist jedoch sie auch zu verstehen. Toleranz Anderen gegenüber ist ein großer Aspekt in unserem Leben und bei unserer täglichen Arbeit unverzichtbar.

Quellenverzeichnis

Augstein, Maria Sabine, Rechtsanwältin, Stand 1995
http://www.main-ts.de/downloads/Neues_zur_Rechtslage_von_Transsexuellen.pdf
entnommen am 05.01.2014

Airin
http://www.transsexuell.de/wegweiser-uebersicht.shtml
entnommen am 14.12.2013
http://www.transsexuell.de/wegweiser-begriffe.shtml
entnommen am 14.12.2013
http://www.transsexuell.de/med-epilation.shtml
entnommen am 17.01.2014

Breiner, Sandra
http://www.dijg.de/transsexualitaet-geschlechtsumwandlung/begriff-definition-transvestismus/
entnommen am 15.12.2013

Bundesministerium der Justiz
http://www.gesetze-im-internet.de/tsg/
entnommen am 11.12.13, 21.12.13, 14.01.2014

Chirurgische Klinik München-Bogenhausen
http://www.chkmb.de/urologie/geschlechtsangleichende-operationen/mann-zu-frau-geschlechtsangleichende-op/haeufige-fragen.html
entnommen am 05.01.2014
http://www.chkmb.de/urologie/geschlechtsangleichende-operationen/mann-zu-frau-geschlechtsangleichende-op/einige-risiken-und-komplikationen.html
entnommen am 19.01.2014

Deutsche Gesellschaft für Transidendität und Intersexualität e.V.
http://www.dgti.org/index.php?option=com_content&view=article&id=10
entnommen am 27.12.2013
http://www.dgti.org/index.php?option=com_content&view=article&id=153&Itemid=20
entnommen am 28.12.2013
http://www.dgti.org/index.php?option=com_content&view=article&id=8#gericht
entnommen am 17.12.2013
http://www.dgti.org/index.php?option=com_content&view=article&id=227
entnommen am 10.01.2014
http://www.dgti.org/index.php?option=com_content&view=article&id=76:haeufiggestellt efragengrundsaetzliches&catid=8:tsgrecht&Itemid=41
entnommen am 10.01.2014

Deutsche Klinefelter-Syndrom Vereinigung e.V.
http://www.klinefelter.de/cms/index.php/klinefelter-syndrom
entnommen am 14.12.2013

Diana, Stand 23. März 2009,
http://diana.tgirl.ch/category/zitate
entnommen am 14.01.2014

DIE ZEIT
http://www.zeit.de/campus/2009/03/transsexualitaet
entnommen am 15.01.2014

Eberhard-Metzger, Claudia, Bild der Wissenschaft, Heft 02/1997 S. 69

Fuchs, Wiebke; Ghattas, Dr .Dan Christian; Reinert, Deborah; Widmann, Charlotte
http://www.lsvd.de/fileadmin/pics/Dokumente/TSG/Studie_NRW.pdf
entnommen am 15.01.2014

Gerede e.V.
http://www.respekt.gerede-dresden.de/
entnommen am 14.12.2013

Henn, Conny, Stand 11. März 2011
http://www.trans-welt.de/index.php/component/content/article/51-namensaenderung/107-ablauf-namensaenderung
Entnommen am 05.01.2014

Janine
http://www.androgyn.org/
entnommen am 14.12.2013

Klinik Sanssouci
http://www.kliniksanssouci.de/de/transsexuelle-chirurgie/mann-zur-frau/chirurgische-technik-mf.php
entnommen am 14.01.2014
Kraft; Ulrich, Waitz, Dr. med Martina Stand 20.12.2012
http://www.tk.de/tk/krankheiten-a-z/krankheiten-k/klinefelter-syndrom/29088
entnommen am 15.10.2013

Krege, Prof. Dr. Chefärztin der Klinik für Urologie und Kinderurologie
Alexianer-Krankenhaus Maria Hilf GmbH, Krefeld
http://www.transsexuell.de/med-opkrege.shtml
entnommen am 14.01.2014

MDS Medizinischer Dienst des Spitzenverbandes Bund der Krankenkassen e.V, Stand 19.05.2009
http://www.transmann.de/informationen/transfaq.shtml
entnommen am 15.10.2013

Meyer, Karl C., Facharzt für Neurologie, Psychiatrie und Facharzt für Psychotherapeutische Medizin, Psychoanalyse
http://www.neuro24.de/show_glossar.php?id=1710
entnommen am 15.10.2013

Mytransgender.com
http://www.mytransgender.com/freizeitaktivitaet/wissenschaftliche-studien/index.php
entnommen am 15.10.2013

Neumeyer, Ingo, Stand 12.07.2013
http://www.planet-wissen.de/alltag_gesundheit/sexualitaet/transsexualitaet/index.jsp
entnommen am 15.12.2013

http://www.planet-wis-sen.de/alltag_gesundheit/sexualitaet/transsexualitaet/transsexualitaet_rechtliches.jsp
entnommen am 12.01.2014
Ottmer, Andrea Friederike; Regh, Alexander; Katrin Helma Alter
http://www.dgti.org/images/pdf/dgti_tsg_positionspapier.pdf Seite 15
entnommen am 15.01.2014

Paradisa.de
http://www.paradisi.de/Health_und_Ernaehrung/Sexualitaet/Transvestitismus/
entnommen am 14.12.2013

Pichlo, Dr. MDK Nordrhein unter Mitwirkung von Dr. Behrends, Düsseldorf, Helma Katrin Alter, dgti und Alexander Regh, TransMann e.V. verfasst.
http://www.dgti.org/index.php?option=com_content&view=article&id=141&Itemid=20#7
entnommen am 14.12.2013

Pichlo, Dr. Hans-Günther, MDK Nordrhein, Stand April 2002
http://www.transsexuell.de/med-pichlo.shtml
entnommen am 14.12.2013

Raue, Wiebke, 18. Oktober 2011
http://www.onmeda.de/sexualitaet/transsexualitaet.html
entnommen am 14.12.2013

Rothenbächer, Nikita Noemi, Stand 2012
http://trans-weib.blogspot.de/2012/09/neu-auflage-wie-entsteht-transsexualitat.html
entnommen am 14.12.2013

Stern.de
http://www.stern.de/gesundheit/transsexuelle-fremd-im-eigenen-koerper-1521741.html
http://www.stern.de/gesundheit/2-transsexuelle-fremd-im-eigenen-koerper-1521741.html
http://www.stern.de/gesundheit/3-transsexuelle-fremd-im-eigenen-koerper-1521741.html
entnommen am 14.12.2013

Trans-Ident E.V., 29. März 2012,
http://www.trans-ident.de/index.php?option=com_content&view=article&id=4&Itemid=10
entnommen am 17.12.2013

Transmann.de
http://www.transmann.de/informationen/transfaq.shtml
entnommen am 15.10.2013

TransX.de
http://www.transx.at/Pub/Hormone.php
entnommen am 11.01.2014

Wikipedia,
http://de.wikipedia.org/wiki/Transsexualit%C3%A4t
http://de.wikipedia.org/wiki/Travestie
http://de.wikipedia.org/wiki/Androgynie
entnommen am 24.12.2013

Zeit Online
http://www.zeit.de/wissen/2013-10/intersexualitaet-geschlechtsangabe-personenstandsgesetz-aenderung
entnommen am 16.01.2014